Die Kritik der westlichen Islamwissenschaft an der klassischen Hadithwissenschaft

Hatice Yildirim

Bibliografische Information der Deutschen Nationalbibliothek:

Die Deutsche Nationalbibliothek verzeichnet diese Publikation in der Deutschen Nationalbibliografie; detaillierte bibliografische Daten sind im Internet über http://dnb.d-nb.de abrufbar.

ISBN: 9783389040232
Dieses Buch ist auch als E-Book erhältlich.

Druck und Bindung: Books on Demand GmbH, Norderstedt Germany
Gedruckt auf säurefreiem Papier aus verantwortungsvollen Quellen

Das vorliegende Werk wurde sorgfältig erarbeitet. Dennoch übernehmen Autoren und Verlag für die Richtigkeit von Angaben, Hinweisen, Links und Ratschlägen sowie eventuelle Druckfehler keine Haftung.

Das Buch bei GRIN: https://www.grin.com/document/1483974

Goethe-Universität Frankfurt am Main

Fachbereich Sprach- und Kulturwissenschaften (09)

am Institut für Studien der Kultur und Religion des Islam

Seminar: Hadithwissenschaft

Semester: WS 2018/19

Hausarbeit

Die Kritik der westlichen Islamwissenschaft an der klassischen Ḥadīṯ-Wissenschaft

vorgelegt von:

Hatice Kübra Yildirim

Studiengang: Islamische Studien BA, 4. FS

Einreichdatum: 31.08.2019

Inhaltsverzeichnis

1 Einleitung

Ḥadīṯe haben eine enorm wichtige Rolle bei gläubigen Muslimen, denn sie regeln und ordnen ihren Alltag und sind daher unverzichtbar. Außerdem gelten sie als die zweite Offenbarungsquelle nach dem Koran. Manche Rechtsgelehrte scheinen die Ḥadīṯe sogar wichtiger als den Koran anzusehen, da sie sich in ihren Büchern häufiger auf Ḥadīṯe stützen, als auf den Koran, da Ḥadīṯe sehr breite Felder von Themen abdecken.[1] Ḥadīṯe auch Sunna genannt sind in der islamischen Religion für gläubige Muslime elementar, da sie mit dem Koran die Hauptquellen der islamischen Glaubens- und Gesetzeslehren darstellen.[2]

Für (sunnitische) muslimische Gelehrte sind die anerkanntesten und sichersten Ḥadīṯ-Quellen die *ṣaḥīḥ*-Sammlungen der beiden *ṣaḥīḥ*-Werke von al-Buḫārī und Muslim und die *sunan*-Werke von al-Tirmiḏī, Abū-Dāwud, an-Nasā'ī und Ibn Māǧa, die alle in *al-kutub as-sitta* gesammelt sind und *das Buch der Vierzig Hadithe* von an-Nawawī.[3]

Im Bereich der Ḥadīṯ-Kritik in der westlichen Islamwissenschaft besteht eine relativ umfangreiche Literatur. Im deutsch- und englischsprachigen Raum beschäftigten sich die bekannten Islamwissenschaftler Harald Motzki und Ignaz Goldziher mit der islamischen Ḥadīṯ-Wissenschaft, deren Werke auch in dieser Hausarbeit zu Grunde liegen. Dazu gibt es Werke von anderen modernen Islamwissenschaftlern, die sich ebenfalls kritisch mit der Ḥadīṯ-Literatur beschäftigten, wie Fuat Sezgin, Gregor Schoeler, Andreas Görke, Jonathan Brown, Mohammad Hashim Kamali, Muhammad Mustafa Azami, Albrecht Noth, Mehmet Görmez und Hayri Kırbaşoğlu.

---

[1] Vgl. Motzki: Die Rolle der Prophetenüberlieferung (2016), S. 231.
[2] Vgl. Schimmel: Muhammad (2002), S. 22.
[3] Vgl. Bangert: Muhammad (2016), S. 130; Vgl. Es-Salih: Hadis İlimleri ve Hadis Istılahları (2012), S. 89.

In der vorliegenden Hausarbeit wird die Kritik der beiden westlichen Islamwissenschaftler Ignaz Goldziher und Harald Motzki an der klassischen Ḥadīṯ-Wissenschaft analysiert. Zu Beginn wird der Begriff Ḥadīṯ ausführlich definiert, dann wird die Kategorie ṣaḥīḥ-Ḥadīṯ in der Ḥadīṯ-Wissenschaft erklärt. Zum Schluss werden die Kritikpunkte der beiden Islamwissenschaftler Harald Motzki und Ignaz Goldziher vorgestellt.

2 Was ist ein *Ḥadīṯ*?

Ḥadīṯ (Plural *aḥadīṯ*) ist ein arabischer Begriff und bedeutet mündliche Überlieferung oder Mittelung. In der deutschen Sprache wird dieser Begriff als Hadith verwendet. Im engeren Sinn bedeutet Ḥadīṯ eine Überlieferung, die eine Aussage des Propheten berichtet oder eine Handlung des Propheten verkündet.[4] Ḥadīṯ bedeutet nicht nur Mitteilung oder Erzählung im religiösen Sinne, sondern wird in der arabischen Sprache auch als historische Überlieferungen (in Bezug auf sowohl längst vergangene Zeiten als auch auf die naheliegende Vergangenheit) verwendet.[5]

Die Ḥadīṯe oder Sunna des Propheten werden von den muslimischen Gelehrten noch präziser definiert. So werden Überlieferungen voneinander unterschieden, die zum einen über die Handlungsweise (*fiʿl*) des Propheten erzählen und zum anderen sind es die Überlieferungen, die seine Worte (qaul) berichten[6] und die, welche von Personen stammen, die in der Anwesenheit des Propheten etwas gesagt oder getan haben, der Prophet aber diese nicht kommentierte. Unter den Muslimen wird das Schweigen des Propheten als Einverständnis (*taqrīr*) interpretiert.[7]

---

[4] Vgl. al-Nawawī: Das Buch der Vierzig Hadithe (2007), S. 265.
[5] Vgl. Goldziher: Muhammedanische Studien (1890), S. 1.
[6] Vgl. Schimmel: Muhammad (2002), S. 22.
[7] Vgl. al-Nawawī: Das Buch der Vierzig Hadithe (2007), S. 265.

Ein Ḥadīṯ besteht aus zwei Teilen, nämlich aus einer Kette von Überlieferern (*isnād*) und dem Text (*matn*), der überliefert wurde.[8] Generell besteht diese Überlieferungskette zusammen mit dem Verfasser der Ḥadīṯ-Sammlung aus acht Generationen von Personen, die Inhalte voneinander tradiert haben.[9]

Diejenige Person, welche persönlich Zeuge einer Äußerung, Handlung oder eines Verhaltens des Propheten gewesen ist, wird als „Erstüberlieferer" eines Ḥadīṯ angegeben. Die Individuen, die die Ḥadīṯe von den Erstüberlieferern weitergegeben haben, werden „Gewährsleute" oder „Überlieferer" genannt. Die Aufeinanderfolge dieser Überlieferer prägen den *isnād,* d. h. die Überlieferungskette aus. Durch diese Überlieferungskette wird der Überlieferungsweg eines Ḥadīṯ ersichtlich und verifizierbar.[10]

3 Die Kategorie *ṣaḥīḥ*-Ḥadīṯ in der klassischen islamischen Ḥadīṯ-Kritik

In diesem Kapitel werde ich von den drei Kategorien der Ḥadīṯ -Wissenschaften die Gruppe der glaubwürdigen (*ṣaḥīḥ*) Ḥadīṯe behandeln.[11]

Die Ḥadīṯ-Wissenschaftler haben zwischen dem 9. und 13. Jahrhundert Kriterien entwickelt, die bei der Tradierung von Ḥadīṯen berücksichtigt werden mussten. Sie wendeten diese Kriterien an, um die Glaubwürdigkeit einer Überlieferung über den Propheten herauszufinden.[12] Dieses Reglement nannten die muslimischen Ḥadīṯ-Wissenschaftler *'ilm al-ḥadīṯ* (Ḥadīṯ-Wissenschaft), jedoch ist die Glaubwürdigkeitseinstufung der Ḥadīṯe nach bestimmten Kriterien in der westlichen Islamwissenschaft als Ḥadīṯ-Kritik bekannt.

---

[8] Vgl. Motzki: Die Rolle der Prophetenüberlieferung (2019), S. 227 f.
[9] Vgl. ebd., S. 228.
[10] Vgl. al-Nawawī: Das Buch der Vierzig Hadithe (2007), S. 266.
[11] Vgl. Motzki: Wie glaubwürdig sind die Hadithe? (2014), S. 7.
[12] Vgl. ebd.

Die muslimischen Ḥadīṯ-Wissenschaftler aus dem 9. und 13. Jahrhundert haben die Ḥadīṯe in drei Kategorien eingeteilt: glaubwürdig (ṣaḥīḥ), gut (ḥasan) und schwach (ḍaʿīf).[13] Jedoch herrschte über die gut (ḥasan)-Kategorie kein Konsens bei den Gelehrten. Denn die Gelehrten, die die Kategorie gut (ḥasan) nicht akzeptierten, ordneten die Ḥadīṯe aus dieser Kategorie endgültig entweder in die Kategorie der glaubwürdigen (ṣaḥīḥ) Ḥadīṯe oder in die Kategorie der schwachen (ḍaʿīf) Ḥadīṯe.[14]

Die Glaubwürdigkeit eines Ḥadīṯ war bedingt von der isnād (Überlieferungskette), welche eine lückenlose Kette vorweisen musste. Das bedeutete, dass jede einzelne Person den bestimmten Ḥadīṯ tatsächlich von der Person gehört haben musste, von der er den Ḥadīṯ überlieferte.[15] Außerdem sind die Eigenschaften eines jeden Überlieferers in der Überlieferungskette von sehr großer Bedeutung gewesen, sodass eine sehr strenge Auslese der Personen gehalten wurde, damit die Qualität der Ḥadīṯe gewährleistet war. Zu den Merkmalen der vertrauenswürdigen Überlieferer zählten Eigenschaften wie „Aufrichtigkeit" (ʿadāla) und „Genauigkeit" (ḍabṭ).[16] Auch wenn nur eines dieser Voraussetzungen bei dem Überlieferer nicht gewährleistet war, so wurde dieser Ḥadīṯ als nicht „glaubwürdig" (ṣaḥīḥ) eingestuft und somit als ein schwacher (ḍaʿīf) Ḥadīṯ bewertet.[17]

Die Genauigkeit des Überlieferers wurde wiederum durch Überlieferungen über seine Person oder aber durch allgemeinen Konsens über ihn bestimmt.[18] Für die „Aufrichtigkeit" (ʿadāla) des Überlieferers wurde Folgendes vorausgesetzt: „Er musste Muslim, erwachsen [das Erreichen der Geschlechtsreife], vernunftbegabt, frei von sündhaften Neigungen und von Charakterschwächen sein."[19] Mit der „Genauigkeit" (ḍabṭ) in der Überlieferung wird die Wachsamkeit und Sorgfalt des Tradenten gemeint.

---

[13] Vgl. Motzki: Wie glaubwürdig sind die Hadithe? (2014), S. 7.
[14] Vgl. Es-Salih: Hadis İlimleri ve Hadis Istılahları (2012), S. 111.
[15] Vgl. Motzki: Wie glaubwürdig sind die Hadithe? (2014), S. 7.
[16] Vgl. ebd.
[17] Vgl. Es-Salih: Hadis İlimleri ve Hadis Istılahları (2012), S. 115.
[18] Vgl. Motzki: Wie glaubwürdig sind die Hadithe? (2014), S. 7.
[19] Ebd., S. 8.

Das heißt er musste ein gutes Erinnerungsvermögen haben, wenn er aus dem Gedächtnis überlieferte; und er musste genau sein, wenn er von einer schriftlichen Vorlage tradierte; und er musste sicher sein, dass sich der Inhalt des Ḥadīṯs nicht verändert, wenn er ihn nur paraphrasierte.[20] Um einen Ḥadīṯ für glaubwürdig zu erklären, mussten die oben ausführlich erklärten Bedingungen erfüllt sein, wie dass der isnād lückenlos sein musste sowie dass der Tradent bestimmte Eigenschaften besitzen und bestimmte Voraussetzungen erfüllen musste.

Der bekannte Ḥadīṯ-Wissenschaftler Muslim teilte die Überlieferer nach ihren Eigenschaften beziehungsweise nach ihren Qualitäten in zwei Gruppen.[21] Die strenge Auslese bei den Tradenten führte er durch, damit die Ḥadīṯe „fehlerfrei" waren. In die erste Gruppe ordnete er die Personen, die integer waren, ein gutes Gedächtnis hatten und bei ihren Überlieferungen sehr genau waren. In die zweite Kategorie ordnete er Überlieferer ein, die mit ihrer Intelligenz, Aufrichtigkeit und ihrem Wissensdurst bekannt waren. Trotz der positiven Eigenschaften der Tradenten in der zweiten Kategorie, konnten diese den Rang der Tradenten in der ersten Kategorie nicht erlangen. Muslim akzeptierte beide Gruppen, jedoch schätzte er die Überlieferungen der Tradenten in der ersten Kategorie viel mehr.[22]

Die muslimischen Ḥadīṯ-Kritiker teilten die ṣaḥīḥ Ḥadīṯe nochmal in zwei Kategorien ein. Zum einen werden die ṣaḥīḥ Ḥadīṯe in die Gruppe der „ṣaḥīḥu l-isnād"[23] eingeteilt, also dessen Überlieferungsketten glaubwürdig sind und zum anderen werden sie in die Gruppe eingeteilt, in der sowohl die Überlieferungsketten als auch die Inhalte (matn) glaubwürdig sind, also „Hāḏā ḥadīṯun ṣaḥīḥun".[24]

Die „glaubwürdigen" (ṣaḥīḥ) Ḥadīṯe werden nochmal in weitere zwei Stufen (ʿalā daraǧatayn)[25] eingeteilt und zwar in sunna mutawātira und sunna āḥād.[26] Als sunna mutawātira werden Massenüberlieferungen genannt.

---

[20] Vgl. Motzki: Wie glaubwürdig sind die Hadithe? (2014), S. 8.
[21] Vgl. Motzki: Die Rolle der Prophetenüberlieferung (2019), S. 233 f.
[22] Vgl. ebd., S. 234.
[23] Zit. n. Es-Salih: Hadis İlimleri ve Hadis Istılahları (2012), S. 122.
[24] Ebd.
[25] Krawietz: Hierarchie der Rechtsquellen (2002), S. 135.
[26] Vgl. ebd.

Diese Art von Ḥadīṯen mussten mindestens von fünf Personen[27] stammen, die unabhängig voneinander waren und inhaltlich identische Ḥadīṯe weitergaben. Mit *Sunna āḥād* werden Überlieferungen von Einzelpersonen bezeichnet.[28] Die Ḥanafīten fügten noch eine weitere Rangstufe zwischen *sunna mutawātir* und *sunna āḥād*, nämlich *sunna mašhūr*, welches verbreitete oder berühmte Sunna bedeutet.[29] Für die Ḥanafīten sind die *sunna mutawātir* die authentischste Überlieferung, da ein Irrtum durch die Massenüberlieferungen ausgeschlossen ist.[30] Diese Einstufungen werde ich in dieser Hausarbeit nicht weiter behandeln, da es den Rahmen dieser Arbeit sprengen würde.

4 Die klassische islamische Ḥadīṯ-Kritik in der Beurteilung der westlichen Islamwissenschaft

4.1 Goldzihers Ḥadīṯ-Kritik

Im vorherigen Kapitel wurde eine von mehreren Kategorien der Ḥadīṯe vorgestellt und zwar die Kategorie der glaubwürdigen (*ṣaḥīḥ*) Ḥadīṯe. In diesem Kapitel werden die Kritikpunkte der westlichen Islamwissenschaftler dargelegt. Harald Motzki und Ignaz Goldziher gehören zu den bekanntesten Islamwissenschaftlern des Westens. Im Folgenden werde ich die Kommentare über die Methoden und Authentizität der Ḥadīṯe von Harald Motzki und Ignaz Goldziher darstellen.

Die westliche Islamwissenschaft begann ab dem 19. und dem 20. Jahrhundert, an der Glaubwürdigkeit der Ḥadīṯe zu zweifeln.[31]

---

[27] Vgl. Motzki: Die Rolle der Prophetenüberlieferung (2019), S. 236.
[28] Vgl. Krawietz: Hierarchie der Rechtsquellen (2002), S. 135.
[29] Vgl. ebd.; Vgl. Brown: The Canonization (2007), S. 184.
[30] Vgl. Brown: The Canonization (2007), S. 185.
[31] Vgl. Motzki: Wie glaubwürdig sind die Hadithe? (2014), S. 13.

Insbesondere waren es die nichtmuslimischen Islamwissenschaftler, die die Glaubwürdigkeit der Überlieferungsketten anzweifelten.[32]

Goldziher hegt die Ansicht in der klassischen islamischen Ḥadīṯ-Kritik, dass die muslimischen Gelehrten sich lediglich auf die äußeren Kriterien und Regeln berufen und den Inhalt der Texte nicht berücksichtigen.[33] Aus diesem Grund soll die Aufgabe der islamischen Ḥadīṯ-Kritik, nämlich die falschen von den richtigen Überlieferungen zu unterscheiden, gescheitert sein, so Goldziher.[34] Goldziher zitiert einen Ḥadīṯ in seinem Werk *Muhammedanische Studien*, indem der Prophet Muhammed folgendes sagte:

> „Nach meinem Hingange [...] werden die mir beigelegten Aussprüche sich vermehren, ebenso wie manch den früheren Propheten in grosser Anzahl Aussprüche zugeschrieben hat. Was man euch nun als meinen Spruch mittheilt, das müsst ihr mit dem Gottesbuch (Koran) vergleichen; was mit diesem im Einklang ist, das ist von mir, ob ich es nun wirklich selbst gesagt habe oder nicht [...]."[35]

In dem von Goldziher zitierten Ḥadīṯ teilt der Prophet mit, dass sich seine Überlieferungen nach seinem Tod vermehren werden und auch Aussagen über ihn verbreitet werden, die nicht von ihm stammen. So empfiehlt der Prophet, dass man seine Berichte mit dem Koran vergleicht, um zu prüfen, ob eine Überlieferung tatsächlich auf ihn zurückgeht oder nicht. Goldziher kommentiert diese Überlieferung mit der Aussage, dass es für den Propheten irrelevant sei, ob eine Tradierung über ihn wirklich von ihm stamme. Demnach sei dem Propheten bloß wichtig, ob eine Mitteilung, die ihm zugeschrieben wird, religiös korrekt sei oder nicht.[36] Ein weiterer Ḥadīṯ, den Goldziher für sein Argument nutzt ist: *„Was an guter Rede gesagt wird, das habe ich selbst gesagt"*[37].

---

[32] Vgl. Motzki: Die Rolle der Prophetenüberlieferung (2016), S. 233.
[33] Vgl. Goldziher: Muhammedanische Studien (1890), S. 140; Vgl. Motzki: Wie glaubwürdig sind die Hadithe? (2014), S. 13.
[34] Vgl. Motzki: Wie glaubwürdig sind die Hadithe? (2014), S. 13; vgl. Goldziher: Muhammedanische Studien (1890), S. 147 f.
[35] Zit. n. Goldziher: Muhammedanische Studien (1890), S. 48 f.
[36] Vgl. ebd., S. 49.
[37] Zit. n. Goldziher: Muhammedanische Studien (1890), S. 49.

Hier behauptet Goldziher, dass der Prophet mit diesen beiden Ḥadīṯen klar macht, dass man Sprüche erfinden und ihm zuschreiben könne, die er selbst nie gesagt hat, solange diese vorteilhaft und religiös korrekt sind.[38] Goldziher gibt in seinem Werk *Muhammedanische Studien* die beiden oben genannten Ḥadīṯe wieder und kritisiert diese. Diese Ḥadīṯe stammen aus dem Sunan-Werk von Ibn Māǧa, doch werden die Sunan-Werke von diesem muslimischem Gelehrten als weniger sicher angesehen.[39] Dieses Sunan-Werk ist zwar in *kutub as-sitta* enthalten, jedoch herrscht unter den muslimischen Gelehrten keine Einigung, dass Ibn Māǧas Sunan-Werk tatsächlich auch *ṣaḥīḥ* ist.[40] Goldziher kritisiert bestimmte Ḥadīṯe in seinem oben genannten Werk und scheint mit den fraglichen Inhalten der Ḥadīṯe seine Zweifel und Kritik zu untermauern. Doch bleibt Goldzihers Kritik schwach, da selbst die muslimischen Gelehrten damals über die Glaubwürdigkeit Ibn Māǧas Sunan-Werk keine Übereinstimmung fanden. Goldziher zieht aus denen von ihm ausgewählten Ḥadīṯen, den Schluss, dass der Prophet es empfiehlt, dass man Sprüche erfinden und ihm zuschreiben könne, solange es dem Koran nicht widerspreche. Diese Annahme oder Interpretation von Goldziher zu den genannten Ḥadīṯen ist fehlgeleitet. Diese Meinung scheint ziemlich unrealistisch, denn solch eine Persönlichkeit wie der Prophet, der mit seiner Ehrlichkeit und Vertrauenswürdigkeit in seiner Heimatstadt Mekka bekannt war, kann einen Betrug offensichtlich nicht empfohlen haben.[41]

Des Weiteren steht Goldziher selbst in seinem Werk im Widerspruch, da er noch einen weiteren Ḥadīṯ zitiert, der lautet: *„Wer mit Bezug auf mich geflissentlich lügt, der möge eintreten in seinen Ruheplatz im Höllenfeuer."*[42] In dem von Goldziher zitierten Ḥadīṯ droht der Prophet den Personen, die über ihn Aussagen erfinden, mit dem Höllenfeuer. Diesen Ḥadīṯ zitiert Goldziher aus vier verschiedenen Werken von *kutub as-sitta* und zwar aus dem *ṣaḥīḥ*-Werk von Muslim und den Sunan-Werken von Abū Dāwūd, Al-Tirmiḏī und Ibn Māǧa. Die Tatsache, dass der zuletzt genannte Ḥadīṯ in vier verschiedenen Werken vorkommt, vor allem aber in dem *ṣaḥīḥ*-Werk von Muslim, macht ihn viel glaubwürdiger und sicherer.

---

[38] Vgl. Goldziher: Muhammedanische Studien (1890), S. 49.
[39] Vgl. Motzki: Die Rolle der Prophetenüberlieferung (2016), S. 238.
[40] Vgl. Es-Salih: Hadis İlimleri ve Hadis Istılahları (2012), S. 189.
[41] Vgl. Ibn Isḥāq: The life of Muhammad, S. 86.
[42] Zit. n. Goldziher: Muhammedanische Studien (1890), S. 132.

Während die beiden anderen Ḥadīṯe oben, die Goldziher als Kritikpunkte nutzt, nur in Ibn Māǧas Sunan-Werk vorkommen, stammt der Ḥadīṯ mit dem Höllenfeuer als Strafe für den Betrug, aus vier verschiedenen Werken. Somit ist Goldzihers Argument, dass es laut dem Propheten erlaubt wäre, in seinem Namen Sprüche zu erfinden, solange sie religiös akzeptabel seien, entkräftet.

Goldzihers Kritik an der klassischen islamischen Ḥadīṯ-Kritik, dass diese sich lediglich auf die äußeren Kriterien und Regeln berufe und den Inhalt der Texte nicht berücksichtige ist unkorrekt. Wie im vorherigen Kapitel erwähnt wurde, teilten die muslimischen Ḥadīṯ-Wissenschaftler Ḥadīṯe nochmal in zwei Kategorien ein: in „Hāḏā hadīṯun ṣaḥīḥun"[43] und „ṣaḥīḥu l-isnād"[44]. Der Kategorie der „Hāḏā hadīṯun ṣaḥīḥun" wurden Ḥadīṯe zugeordnet, bei denen sowohl Inhalt als auch die Überlieferungskette stark glaubwürdig galten.

Ein weiterer Grund, weshalb seine Theorie schwach ist, ist dass er die bereits in Kapitel 3 „Die Kategorie ṣaḥīḥ-Ḥadīṯ in der klassischen islamischen Ḥadīṯ-Kritik" aufgezählten fünf Kriterien für einen authentischen Ḥadīṯ nicht beachtet. In dem letzten und fünften Kriterium wird angeordnet, dass der Inhalt des überlieferten Ḥadīṯs genau überprüft wird. Diese Prüfung wurde durchgeführt, indem Ḥadīṯ-Wissenschaftler Textvergleiche mit anderen Textvarianten von anderen Tradenten verglichen haben.[45] Allgemein merkt der bekannte Islamwissenschaftler Fuat Sezgin an, dass Goldziher die Primärquellen bzw. die uṣūl a-hadīṯ-Bücher nicht beachtet hat.[46] Ferner kritisiert Sezgin, dass Goldziher trotz vieler seiner Quellen den Kontext der Entwicklung der Ḥadīṯ-Literatur nicht beachtet hat und aus diesem Grunde den Ḥadīṯen einen anderen Sinn zuschreibt und die Entwicklung beziehungsweise Überlieferungsprozesse bemängelt.[47]

---

[43] Zit. n. Es-Salih: Hadis İlimleri ve Hadis Istılahları (2012), S. 122.
[44] Ebd.
[45] Vgl. Motzki: Die Rolle der Prophetenüberlieferung (2016), S. 237.
[46] Vgl. Sezgin: Geschichte des arabischen Schrifttums (1967), S 55.
[47] Vgl. ebd.

4.2 Motzkis Ḥadīṯ-Kritik

Die nichtmuslimischen Islamwissenschaftler des 19. und 20. Jahrhunderts vertraten die Meinung, dass die Überlieferungsketten aus dem 9. und 10. Jahrhundert eine Erfindung der Muslime seien und einige vertraten auch die Ansicht, dass Fälschung bereits in der zweiten Hälfte des 8. Jahrhunderts begann.[48] Doch gibt Harald Motzki wiederum die Info, dass jedoch diese Annahme nicht bewiesen und auch nicht unwiderlegbar ist.[49] Denn nach neueren Erforschungen nichtmuslimischer Islamwissenschaftler gab es schon im 7. Jahrhundert Wissensaustausch zwischen den Gelehrten in verschiedenen Zentren.[50] Daraus kann man schließen, dass muslimische Gelehrte Ḥadīṯe aus diesen Zentren entnahmen und überprüften und sie sortierten, so auch Motzki.[51]

Obwohl Motzki die Ḥadīṯe und ihre Überlieferungsketten kritisch behandelt, nimmt er eine neutralere und nüchternere Haltung als Goldziher ein. In seinem Werk *Wie glaubwürdig sind die Hadithe* kritisiert Motzki die Ansicht von Gelehrten wie Ibn aṣ-Ṣalāḥ, der behauptet, dass man nicht mehr einen Ḥadīṯ selbstständig auf seine Glaubwürdigkeit beurteilen darf. Denn laut Ibn aṣ-Ṣalāḥ müsse vorab das Urteil von al-Buḫārī und Muslim oder einer anderen anerkannten Ḥadīṯ-Sammlung beachtet werden.[52] Motzki jedoch ist der Ansicht, dass die oben genannte Forderung von Ibn aṣ-Ṣalāḥ sehr problematisch ist. Denn die Befolgung dieser Forderung würde den Verzicht auf eine intellektuelle und eigenständige Lösung eines Problems und die unkritische Übernahme der vorgegebenen Lösung herbeiführen.[53] Außerdem bestärkt Motzki seine Ansicht mit der Erklärung, dass Ibn aṣ-Ṣalāḥs Forderung die weiteren wissenschaftlichen Erkenntnisse verhindere, und dazu führe, dass die intellektuellen Fähigkeiten der Gelehrten mit der Zeit abnehmen.

---

[48] Vgl. Motzki: Die Rolle der Prophetenüberlieferung (2016), S. 233.
[49] Vgl. ebd.
[50] Vgl. ebd.
[51] Vgl. ebd.
[52] Vgl. Motzki: Wie glaubwürdig sind die Hadithe? (2014), S. 14.
[53] Vgl. ebd.

Darüber hinaus soll Ibn aṣ-Ṣalāḥs Forderung auch die Freiheit der Gelehrten beschränken und somit auch den westlichen Richtlinien der Wissenschaft widersprechen.[54]

Motzki greift immer wieder seine Kritik gegenüber Ibn aṣ-Ṣalāḥ auf, da durch die Verordnung Ibn aṣ-Ṣalāḥs die Ḥadīṯe an Qualität und Glaubwürdigkeit verlieren. Denn die Forderung Ibn aṣ-Ṣalāḥs, dass man das Urteil bekannter und glaubwürdiger Gelehrter beachten solle, ohne selber tätig zu werden, lässt keine Prüfungen und Forschungen zu Ḥadīṯen zu.[55] Ein starker Kritikpunkt, weshalb Motzki die Authentizität der Ḥadīṯe bezweifelt ist, dass es nach dem Tod des Propheten verschiedene Interessengruppen in der muslimischen Gesellschaft gab. Diese Gruppen beriefen sich immer wieder auf den Propheten für ihre eigenen Interessen, wie politische Ansprüche und religiöse Auffassungen.[56] Des Weiteren führt Motzki an, dass nach dem Tode des Propheten religiöse Betrüger die Religion missbrauchten und dem Propheten willkürlich unwahre Aussagen oder Verhaltensweisen zuschrieben.[57] Aus diesen genannten Gründen zweifelt Motzki an der Glaubwürdigkeit der Ḥadīṯe und auch deshalb, weil er der Meinung ist, dass es nicht mehr möglich ist, die tatsächliche Wahrheit der Ḥadīṯe heute zu überprüfen.[58] Ferner ist Motzki der Meinung, dass es undenkbar ist, dass die Gelehrten im 9. Jahrhundert jede einzelne Person in der Überlieferungskette kannten, ihre Verbindung untereinander und ihre Vertrauenswürdigkeit prüfen konnten, die sechs bis sieben Generationen zurückliegen.[59]

---

[54] Vgl. Motzki: Wie glaubwürdig sind die Hadithe? (2014), S. 14.
[55] Vgl. ebd.
[56] Vgl. Motzki: Die Rolle der Prophetenüberlieferung (2016), S. 232.
[57] Vgl. ebd.
[58] Vgl. ebd.
[59] Vgl. ebd., S. 232 f.

5 Fazit

In dieser Hausarbeit wurden die Kritikpunkte zweier westlicher Islamwissenschaftler zum Thema „Authentizität" der Ḥadīṯe thematisiert. Motzki und Goldziher kritisieren die Glaubwürdigkeit der Ḥadīṯe aus verschiedenen Blickwinkeln. Die Kritikpunkte von Motzki scheinen berechtigter und plausibler zu sein, als die von Goldziher. Denn die von Goldziher aufgeführten Thesen und Kritikpunkte waren nicht sicher nachweisbar. Seine Kritik bezüglich der Inhalte zweier Ḥadīṯe, bei denen Goldziher den fraglichen Inhalt anprangert, wie dass der Prophet empfehlen würde, dass man ihm positive Aussagen zuschreiben könne, sind nicht einmal in der muslimischen Welt als sicher oder glaubwürdig eingestuft. So bleiben seine Kommentare schwach, da Goldziher erstens selbst die Überlieferungsketten anzweifelt und zweitens auch noch einen sehr schwachen und nicht unproblematisch glaubwürdigen Ḥadīṯ heranzieht und ihn kritisiert. Selbst Fuat Sezgin, der bekannte Islamwissenschaftler, bemängelt Goldzihers Kritikpunkte.

Motzkis Argumente oder Kritikpunkte zu Ḥadīṯen scheinen berechtigter und plausibler zu sein, denn er scheint sich mit den muslimischen Quellen intensiver und nüchterner auseinander zu setzen, da er nicht wie Goldziher schwache oder widerlegbare Argumente nutzt. Auch die Kritik Motzkis bezüglich Ibn aṣ-Ṣalāḥ ist nachvollziehbar. Denn ohne weitere Forschung und Überprüfung kann eine Wissenschaft sich nicht weiterentwickeln oder bereits vorhandene Fehler aufheben.

6 Literaturverzeichnis

Al-Nawawī, Yaḥyā Ibn Sharaf: Das Buch der Vierzig Hadithe. Kitāb al-Arbaʿīn. Frankfurt am Main [u.a.]: Verlag der Weltreligionen, 2007.

Bangert, Kurt: Muhammad. Eine historisch-kritische Studie zur Entstehung des Islams und seines Propheten. Wiesbaden: Springer VS, 2016.

Brown, Jonathan: The Canonization of al-Bukhārī and Muslim. The Formation and Function of the Sunnī Ḥadīth Canon. Leiden, Boston: Koninklijke Brill NV, 2007.

Es-Salih, Subhi: Hadis İlimleri ve Hadis Istılahları. 10. Auflage. İstanbul: M.Ü. İlahiyat Fakültesi Vakfı Yayınları, 2012.

Goldziher, Ignaz: Muhammedanische Studien. Bd. 2. Halle: Max Niemeyer, 1890.

Ibn Isḥāq, Muḥammad: Sirat Rasul Allah. Übers. von Guillaume, Alfred: The life of Muhammad. Oxford: Oxford University Press, 2017.

Krawietz, Birgit: Hierarchie der Rechtsquellen im tradierten sunnitischen Islam. Berlin: Duncker und Humblot, 2002.

Motzki, Harald: Die Rolle der Prophetenüberlieferung (Hadith) im Islam. In: Gemeinhardt, Peter (Hrsg.): Zwischen Exegese und religiöser Praxis. Tübingn: Mohr Siebeck, 2016.

Motzki; Harald: Wie glaubwürdig sind die Hadithe? Die Klassische islamische Hadith-Kritik im Licht moderner Wissenschaft. Wiesbaden: Springer VS, 2014.

Schimmel, Annemarie: Muhammad. Kreuzlingen, München: Heinrich Hugendubel Verlag, 2002.

Sezgin, Fuat: Geschichte des arabischen Schrifttums. Bd. 1. Leiden: E. J. Brill, 1967.

BEI GRIN MACHT SICH IHR WISSEN BEZAHLT

- Wir veröffentlichen Ihre Hausarbeit,
  Bachelor- und Masterarbeit

- Ihr eigenes eBook und Buch -
  weltweit in allen wichtigen Shops

- Verdienen Sie an jedem Verkauf

Jetzt bei www.GRIN.com hochladen
und kostenlos publizieren